Rosette Poletti & Barbara Dobbs

Das kleine Übungsheft

Selbstbewusstsein

Aus dem Französischen
von Claudia Seele-Nyima

Illustrationen von Jean Augagneur

TRINITY

Über die Autorinnen
Rosette Poletti und **Barbara Dobbs** haben sich beide auf die Vermittlung von Gesundheitswissen und Themen der Lebensführung spezialisiert. Gemeinsam sind sie Autorinnen einer Reihe erfolgreicher Bücher, u. a. zu den Bereichen Resilienz, Dankbarkeit und Abschiednehmen.

Die Originalausgabe ist erstmals 2008
bei Editions Jouvence erschienen.

Chemin du Guillon 20, Case 184,
CH-1233 Bernex.
www.editions-jouvence.de,
info@editions-jouvence.de

3. Auflage 2013

Umschlaggestaltung: Guter Punkt, München
Satz: BuchHaus Robert Gigler, München
Druck und Bindung: Pustet, Regensburg
ISBN 978-3-941837-54-6

www.trinity-verlag.de

Der Titel dieses Übungshefts hat Sie neugierig gemacht? Herzlich willkommen! Selbstbewusstsein und Selbstachtung sind unerlässlich, um Freude am Leben zu haben. Sie machen es möglich, dass wir uns selbst annehmen, dass wir uns selbst und auch anderen Liebe schenken können. Selbstachtung können Sie Ihr ganzes Leben lang gewinnen.

Am besten, Sie beginnen sofort damit!

Da sind Sie nun, irgendwo auf der Erdkugel – ein Mensch inmitten Milliarden anderer! Und trotzdem sind Sie einzigartig, unersetzlich! Denn noch nie gab es einen anderen Menschen, der Ihnen aufs Haar glich, der dieselben Lebenserfahrungen, dieselben Fähigkeiten und dasselbe Erbgut hatte wie Sie. Ihr Leben ist also außerordentlich kostbar! Nur Sie allein können es leben, Sie allein sind imstande, alles, was Sie sind, alles, was Sie wissen, in diese Welt einzubringen.

Damit Sie all das sein können, was Sie sind, und diesem Planeten alles geben können, was Sie zu geben vermögen, sollten Sie auf ein gutes Selbstwertgefühl zurückgreifen können. So werden Sie in der Lage sein, alles, was in Ihnen steckt, in Ihrem Leben auch tatsächlich zum Ausdruck zu bringen.

Dieses Heft hilft Ihnen, dieses so wichtige Selbstbewusstsein zu entwickeln. Tragen Sie das Heft stets bei sich und machen Sie regelmäßig die darin aufgeführten Übungen. Viel Spaß dabei!

Selbstachtung

»Auf der ganzen Welt gibt es niemanden, der genauso ist wie ich. Ich bin ich, und alles, was ich bin, ist einzigartig. Ich bin für mich verantwortlich, ich habe alles, was ich hier und jetzt brauche, um voll und ganz zu leben. Ich kann mich entscheiden, das Beste von mir zu zeigen, ich kann mich entscheiden, zu lieben und in meinem Leben einen Sinn und im Universum eine Ordnung zu finden. Ich habe die Wahl, mich zu entwickeln, zu wachsen und in Harmonie mit mir, mit anderen und mit Gott zu leben.
Ich bin es wert, genauso wie ich bin, angenommen und geliebt zu werden, hier und jetzt. Ich bringe mir Liebe entgegen und nehme mich an, ich beschließe, von heute an ganz zu leben.«

Virginia Satir

Selbstachtung

Selbstvertrauen

Selbstbewusstsein

Selbstbild

Selbstideal

Selbstkonzept

? ? ?

Wer soll da noch durchblicken

?

Ein paar kurze Definitionen

• Selbstachtung

Das Ergebnis dessen, wie man sich selbst sieht: die äußere Erscheinung, die Fähigkeiten, berufliche und persönliche Erfolge, der Reichtum des Gefühlslebens. Erfolg in einem oder mehreren dieser Bereiche ist jedoch keine Garantie für Selbstachtung. Sie ergibt sich erst daraus, dass all die verschiedenen Aspekte im Gleichgewicht sind.

Selbstachtung ist eine zerbrechliche und unbeständige Größe; sie nimmt zu, wenn wir nach unseren eigenen Werten leben, und verringert sich jedes Mal, wenn unser Verhalten nicht mit ihnen übereinstimmt.

• **Selbstvertrauen**

Die Gabe, im Geiste realistische und genaue Vorhersagen zu treffen, ob man genügend Ressourcen hat, um sich einer bestimmten Situation zu stellen.

• **Selbstbewusstsein**

Die Fähigkeit, seinen Platz zwischen anderen mit Wohlwollen und Bestimmtheit einzunehmen, klar zu kommunizieren, Feedback anzunehmen und abzulehnen.

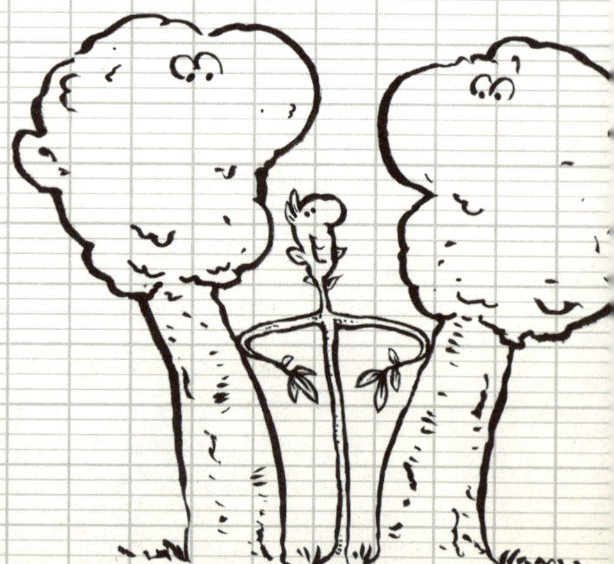

- **Selbstbild**

  Die Selbsteinschätzung eines Menschen.

- **Selbstideal**

  Die ideale Vorstellung eines Menschen von sich selbst.

- **Selbstkonzept**

  Gesamtbild, das ein Mensch von sich hat:
  Selbstbild, Selbstideal und Selbstachtung.

Einige Autoren haben in zwei großen Punkten zusammengefasst, was Selbstwertgefühl ist:

- Die Wahrnehmung seines persönlichen Könnens
- Die innerste Überzeugung, als Mensch wertvoll zu sein

Dieses Selbstwertgefühl erfordert die Fähigkeit,

- sich so zu akzeptieren, wie man ist,
- mit den eigenen Gefühlen umgehen zu können,
- mit anderen zu verhandeln,
- Konflikten gegenüberzutreten,
- das, was ist (die Realität), zu akzeptieren,
- sich gegenüber anderen zu behaupten,
- auf sich selbst zu vertrauen.

Welches Selbstwertniveau haben Sie?

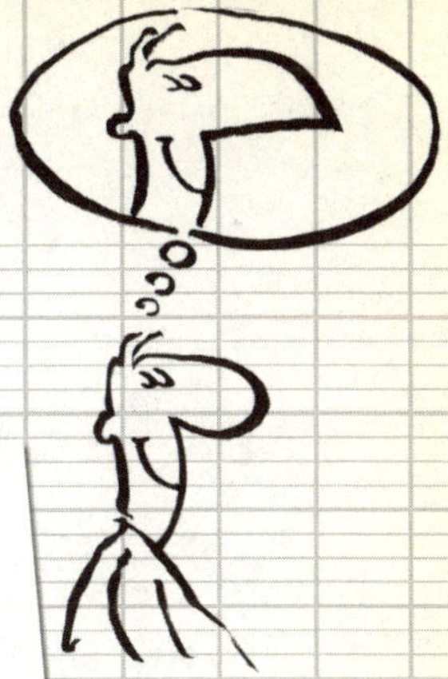

1. Ich akzeptiere mich, so wie ich bin.
❒ nie ❒ manchmal ❒ oft ❒ immer

2. Ich habe Selbstvertrauen.
❒ nie ❒ manchmal ❒ oft ❒ immer

3. Ich kann mich behaupten.
❒ nie ❒ manchmal ❒ oft ❒ immer

4. Die meisten Leute mögen mich.
❒ nie ❒ manchmal ❒ oft ❒ immer

5. Es fällt mir leicht, mich in einer Gruppe zu äußern.
❒ nie ❒ manchmal ❒ oft ❒ immer

6. Ich verdiene es, glücklich zu sein.
❒ nie ❒ manchmal ❒ oft ❒ immer

7. Ich halte meine Meinung für genauso wichtig wie die der anderen.
❒ nie ❒ manchmal ❒ oft ❒ immer

8. »Irren ist menschlich.« – Sagen Sie sich das, wenn Ihnen ein Fehler unterläuft?
❒ nie ❒ manchmal ❒ oft ❒ immer

9. Fällt es Ihnen leicht, zuzuhören, wenn jemand berechtigte Kritik an Ihnen übt?
❒ nie ❒ manchmal ❒ oft ❒ immer

10. Sind Sie fähig, einem anderen Erwachsenen zu sagen, dass Sie sein Verhalten Ihnen gegenüber nicht akzeptieren?
❒ nie ❒ manchmal ❒ oft ❒ immer

11. Wenn eine Beziehung unerträglich wird, sind Sie dann in der Lage, sie zu beenden?
❒ nie ❒ manchmal ❒ oft ❒ immer

12. Können Sie Nein sagen, wenn es nötig ist?
❒ nie ❒ manchmal ❒ oft ❒ immer

Geben Sie sich für jedes Kreuz
bei „immer“ 3 Punkte (insgesamt 36 Punkte).

Geben Sie sich für jedes Kreuz
bei „oft“ 2 Punkte.

Geben Sie sich für jedes Kreuz
bei „manchmal“ 1 Punkt.

Geben Sie sich für jedes Kreuz
bei „nie“ keinen Punkt.

Addieren Sie alle Punkte.

Ergebnisse:

0 bis 15 Punkte:
Es sind noch Hindernisse zu überwinden. Sie werden weitere Punkte hinzugewinnen, wenn Sie mit diesem Heft arbeiten. Ihr Leben wird dadurch leichter werden!

16 bis 25 Punkte:
Sie sind auf dem richtigen Weg. In einigen wichtigen Bereichen können Sie sich aber noch weiterentwickeln!

26 bis 36 Punkte:
Sie haben schon ein beachtliches Selbstwertgefühl! Finden Sie heraus, welche Aspekte Sie weiterentwickeln können, dann werden Sie im Zusammenleben mit ihren Mitmenschen noch mehr Freude erleben.

Gönnen Sie Ihrem Geist etwas Ruhe und entspannen Sie sich: Begeben Sie sich mit einem Stift in das Labyrinth der Kathedrale Notre Dame von Amiens in Frankreich: Zeichnen Sie immer an der schwarzen Linie entlang.

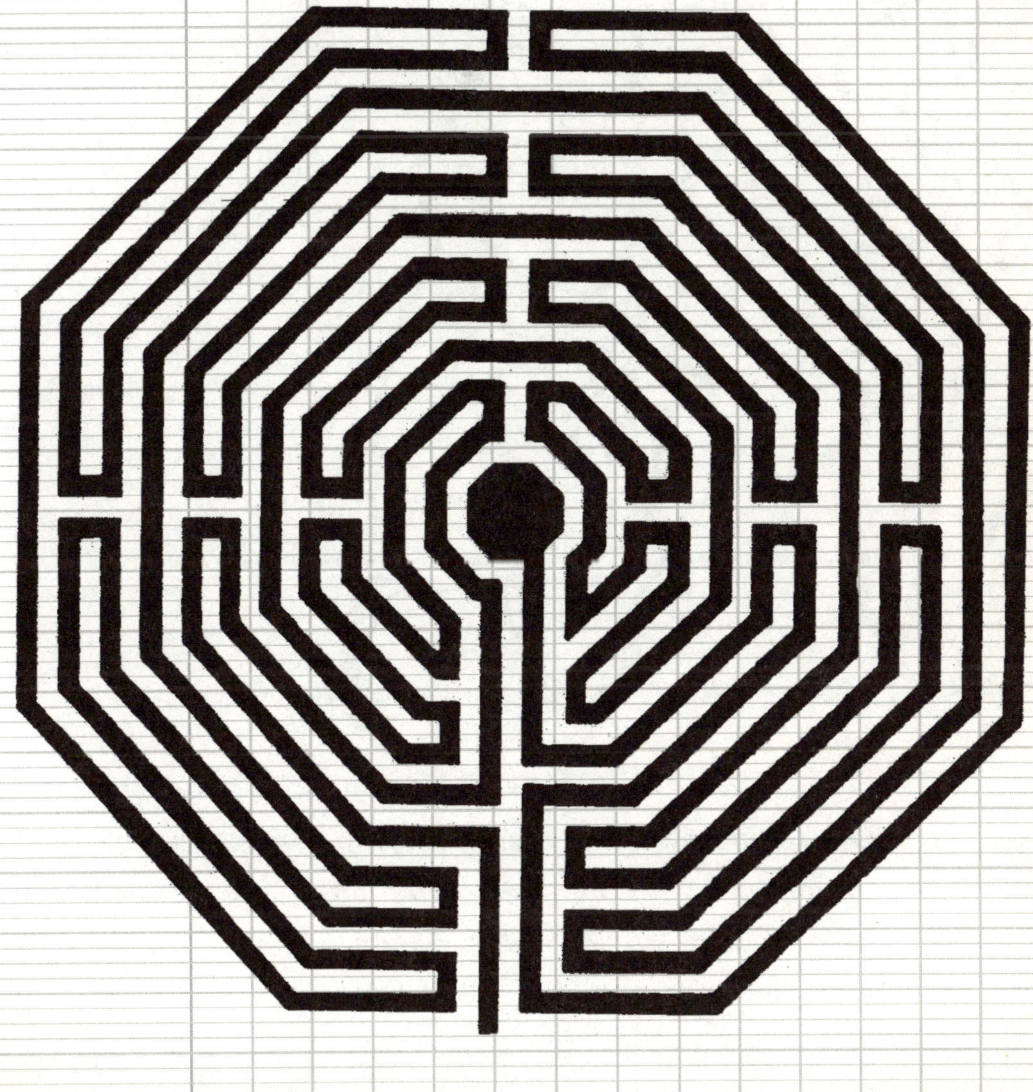

Wie Selbstwertgefühl entsteht

Selbstwertgefühl wird im Kontakt zu anderen aufgebaut: den Eltern, der Familie, Freunden, Lehrern. Alle beeinflussen die Art und Weise, wie jemand sich selbst wahrnimmt.

Zu diesen Kindheitseinflüssen, wie etwa Erfolgen, Irrtümern oder Fehlschlägen, kommt im Erwachsenenalter noch die Umgebung dazu, die ebenfalls eine wichtige Rolle für das Selbstwertgefühl spielt.

- Wer war am Aufbau Ihres Selbstwertgefühls beteiligt?

Rufen Sie sich maßgebende Personen, die Ihnen positive Botschaften vermittelt haben, in Erinnerung. Schreiben Sie die Namen und ihre Botschaften neben die Abbildung unten jeweils an einen der Striche. Zum Beispiel: Onkel Paul: Du hast alles, um erfolgreich zu sein!

- Wer hat Ihnen Negativbotschaften vermittelt, die sich zerstörerisch auf Ihre Selbstachtung ausgewirkt haben?

Schreiben Sie die betreffenden Personen mit ihren Botschaften an die Striche. Zum Beispiel: Meine erste Lehrerin, Frau Martin, hielt mir immer vor: »Wie kann man nur so schwer von Begriff sein?«

- Streichen Sie jetzt diese zerstörerischen Botschaften mit einem dicken schwarzen Filzstift durch. Und schreiben Sie hier unten auf die Seite neue, positive Botschaften, die alle negativen Botschaften ersetzen, etwa: »Du bist ein sehr aufgewecktes Kind! Ich unterrichte dich gern in diesem oder jenem Fach.« Da Frau Martin inzwischen längst pensioniert ist, können Sie die Botschaft nach Belieben verändern.

...

...

...

...

...

...

...

...

...

...

...

...

Wenn Sie von Menschen, die Sie aufgezogen haben, und Ihren Lehrern häufig Negatives gehört haben, nehmen Sie sich selbst vielleicht negativ wahr. Denn solche frühen Botschaften prägen sich ein und werden von uns verinnerlicht.

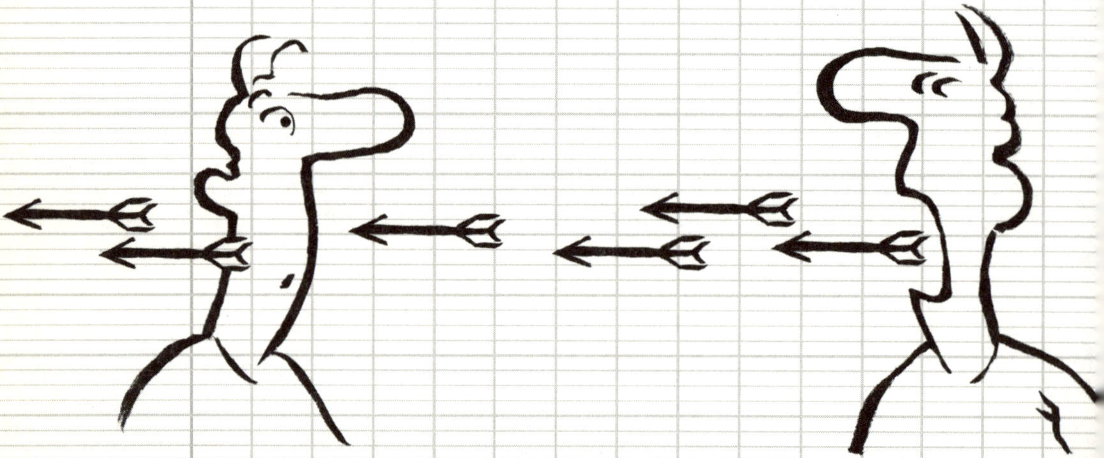

Wie nehmen Sie sich selbst wahr?

. Verletzt Sie die Kritik anderer?

❐ ja ❐ nein

. Fürchten Sie sich vor neuen Erfahrungen?

❐ ja ❐ nein

. Sprechen Sie mit anderen über Ihre persönlichen Erfolge?

❐ ja ❐ nein

. Versuchen Sie, andere für Ihre Fehler verantwortlich zu machen?

❐ ja ❐ nein

. Sind Sie tendenziell zu zaghaft oder zu aggressiv?

❐ ja ❐ nein

. Versuchen Sie, Ihre Gefühle zu verbergen?

❐ ja ❐ nein

. Schämen Sie sich wegen Ihres Aussehens?

❐ ja ❐ nein

. Beruhigt es Sie, wenn andere scheitern?

❐ ja ❐ nein

. Fühlen Sie sich in engen Beziehungen zu anderen wohl?

❐ ja ❐ nein

0. Finden Sie Entschuldigungen, um sich nicht ändern zu müssen?

❐ ja ❐ nein

Wenn Sie die meisten der Fragen von 1 bis 10 mit Ja beantwortet haben, können Sie Ihre Selbstwahrnehmung verbessern.

Wie kommt es zu einem schlechten Selbstwertgefühl?

Oft wird angenommen, dass ein Kind ein gutes Selbstwertgefühl erlangt, wenn man ihm sagt, es sei wunderbar. Doch das ist ein Trugschluss. Selbstkontrolle und Disziplin sind ebenfalls Grundlagen für die Selbstachtung.

Umständes, die das Selbstwertgefühl negativ beeinflussen:

- Übertriebenes Behüten seitens der Eltern, Großeltern oder älterer Geschwister
- Verletzende Worte
- Laisser-faire
- Ständige Kritik
- Alleinlassen oder Entmutigen des Kindes bei Schwierigkeiten
- Zu hohe oder zu niedrige Erwartungen der Eltern an das Kind
- Inkonsequenz bei der Erziehung
- Körperliche Misshandlung
- Schulisches Versagen

Haben Sie eine oder mehrere der links aufgeführten Erfahrungen in Ihrer Kindheit gemacht? Welche?

...

...

...

...

> »Wichtig ist nicht, was man aus uns macht, sondern was wir selbst aus dem machen, was man aus uns gemacht hat.«
> Jean-Paul Sartre

Wenn bestimmte Einflüsse sich negativ auf den Aufbau Ihres Selbstwertgefühls ausgewirkt haben, was konnten Sie aus Ihren Erfahrungen machen?

- Konnten Sie sie nutzen, um andere besser zu verstehen oder Ihren Eltern zu verzeihen? Oder um auf etwas anderes hinzuwirken?

...

...

...

...

...

...

...

Die Heckenrose, diese frei blühende Wildrose, ist ein Symbol für Selbstachtung. Nehmen Sie sich ein wenig Zeit und malen Sie die Blüten bunt aus!

Wagen Sie, Sie selbst zu sein!

Je nachdem, wie schwerwiegend die Beeinträchtigungen sind, die ein Mensch in seiner Kindheit erleiden musste, kann es sein, dass er versucht, vor anderen zu verbergen, wer er wirklich ist. Er fürchtet, nicht akzeptiert zu werden. Mitunter weiß er aber auch gar nicht, wer er wirklich ist. Sich selbst besser zu verstehen erleichtert die Beziehung zu anderen – und erhöht das Selbstwertgefühl.

In den 1960er-Jahren stellten zwei Forscher, Joseph Luft und Harry Ingham, ein Modell vor, das sie „Johari-Fenster" nannten. Dieses Modell soll eigentlich die Entwicklung der Kommunikation zwischen zwei Personen darstellen. Es kann auch sehr nützlich sein, um die Entwicklung des Selbstbewusstseins zu verdeutlichen.

Öffentliche Person

Was ich über mich weiß und anderen zeige

Blinder Fleck

Was ich in Bezug auf mich selbst nicht weiß, was andere jedoch erkennen

Mein Geheimnis

Was ich über mich weiß und vor anderen verberge

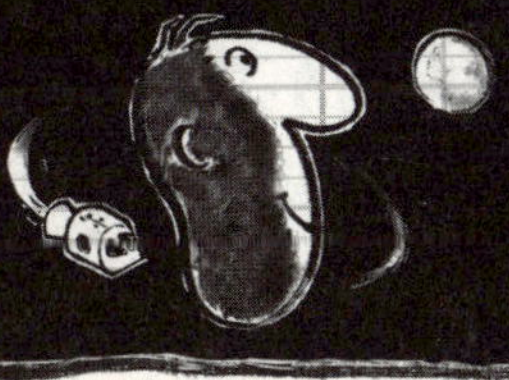

Das Unbekannte

Was weder ich noch die anderen über mich wissen (das Unbewusste)

Wenn man Selbstwertgefühl entwickelt, kann man die Offenheit im Quadranten **»Mein Geheimnis«** vergrößern. Das ist möglich, weil man mehr auf sich selbst und andere vertraut.

Der **»Blinde Fleck«** wird kleiner, denn indem man sich anderen öffnet und ihren Meinungen offen gegenübersteht, steigert man die eigene Selbsterkenntnis.

Es kann sein, dass **»Das Unbekannte«** kleiner wird, weil es Mittel und Wege findet, sich auszudrücken, also ins Bewusste rückt.

Öffentliche Person

Was zeigen Sie anderen von sich?

Blinder Fleck

Was könnten Sie Menschen, die Sie kennen, zu Ihrer Person fragen? Wie sehen sie Sie?

Mein Geheimnis

Welche verborgenen Aspekte würden Sie anderen gerne enthüllen?

Das Unbekannte

Was sagen Ihnen Ihre Träume? Schreiben Sie sie auf?

Selbstwertgefühl und die Beziehung zu anderen (Grundeinstellungen)

Eric Berne, der Begründer der Transaktionsanalyse, entwickelte in Zusammenarbeit mit Franklin Ernst vier Ansätze, die es ermöglichen, zu verstehen, wie wir uns anderen gegenüber positionieren, und die das Niveau unseres Selbstwertgefühls unmittelbar widerspiegeln. Er bezeichnet diese Ansätze als **»Grundeinstellungen«**. Sie sind abhängig vom Bild, das wir uns von uns selbst, von anderen und von der Beziehung zwischen uns und ihnen machen.

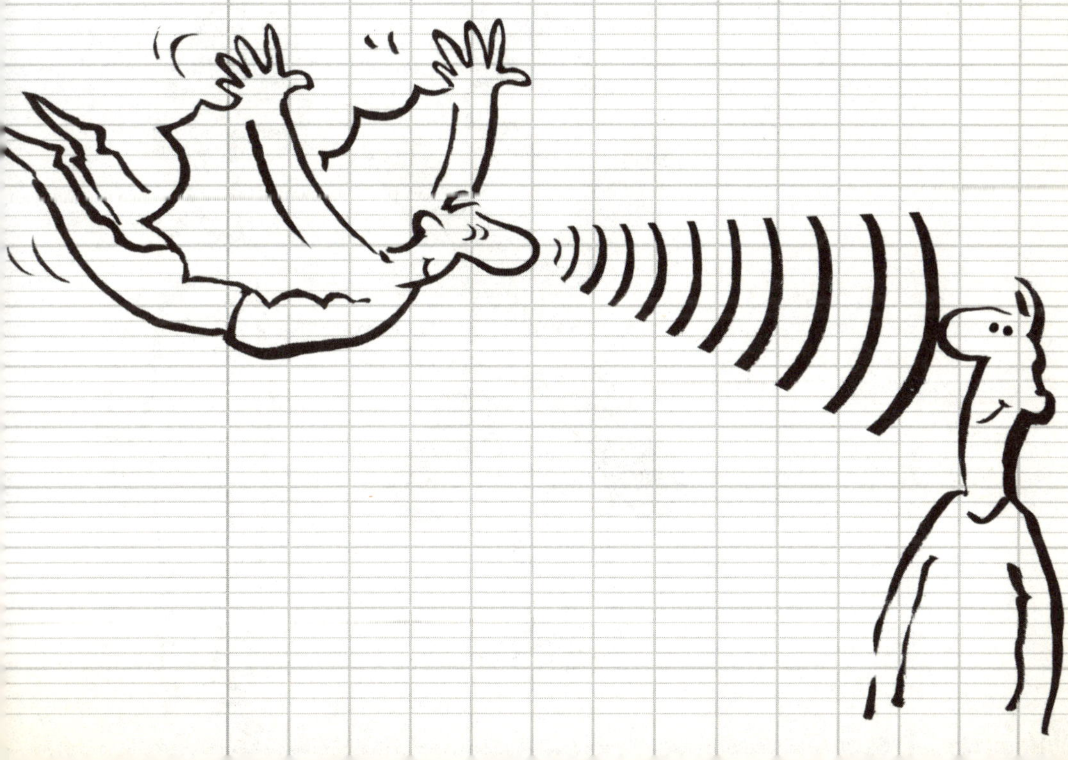

Es gibt vier Grundeinstellungen. Drei davon lassen auf eine Störung des Selbstwertgefühls schließen:

1. Ich akzeptiere mich selbst nicht und akzeptiere die anderen (+ –)

Diese Position ergibt sich aus Schwierigkeiten während der Kindheit: Der Erziehungsstil war entweder zu nachgiebig und überbehütend oder zu streng und fordernd. Als Erwachsener hat die betreffende Person kein Selbstvertrauen und vertraut auch anderen nicht. Sie bewundert die anderen und hält sich für unfähig zu tun, was diese tun. Sie ist häufig ängstlich und mitunter depressiv.

2. Ich akzeptiere mich und die anderen nicht (+ -)

Wenn ein Kind nicht die Sicherheit und die Unterstützung erhalten hat, die für ein harmonisches Aufwachsen erforderlich sind, wenn es »kämpfen musste, um zu überleben«, dann kommt es vor, dass es als Erwachsener anderen gegenüber hart und verächtlich wird. Dieses Muster kann auch auftreten, wenn dem Kind keine festen Grenzen aufgezeigt werden. Es wächst ohne Regeln auf und kommt schließlich an den Punkt, andere wie Sklaven zu behandeln. Dieses Verhalten mag zwar auf den ersten Blick wie eine »hohe Selbstachtung« wirken; dies ist jedoch absolut nicht der Fall. Es handelt sich vielmehr um eine Haltung, die von einer schweren Störung des Selbstwertgefühls zeugt.

3. Ich akzeptiere mich nicht und akzeptiere die anderen nicht (- -)

Diese Grundeinstellung spiegelt einen schwerwiegenden Mangel an Selbstwertgefühl wider. »Wozu soll das gut sein?« - »Man wird doch ohnehin übers Ohr gehauen!« - »Das lohnt sich nicht!« - »Alles Schwachköpfe!«
Menschen mit solch einer Grundeinstellung sind innerlich voller Zorn auf die ganze Welt. Sie sehen keinen Sinn in ihrem Leben. Auch sie mögen zunächst den Eindruck erwecken, als verfügten sie über ausreichend Selbstachtung. Tatsächlich ist das Selbstwertgefühl solcher Menschen jedoch schwer gestört

4. Ich akzeptiere mich und erkenne meinen Wert an; ich akzeptiere die anderen und erkenne ihren Wert an (+ +)

Menschen mit einer solchen Grundeinstellung haben ein gutes Selbstwertgefühl. Sind sie mit einer neuen Herausforderung konfrontiert, sagt ihnen ihre innere Stimme: »Du schaffst es. Du kannst das. Nur zu!«
Personen mit dieser Grundeinstellung ist es möglich, voll und ganz zu leben; sie können sich mit ihren Schwächen und Stärken annehmen und sind in der Lage, sich anderen zu öffnen, zuzuhören und realistisch zu sein.

Selbstdiagnose der Grundeinstellungen[1]

Wie handeln Sie im Berufsleben? Lesen Sie die Aussagen zu den acht Themen und vergeben Sie je nach Häufigkeit, mit der sie so handeln, Punkte auf einer Skala von 1 bis 10 (1 = nie, 10 = immer).

1. Führungsstil

a) Ich rechtfertige mich, verteidige mich, mitunter übe ich Kritik, manchmal schütze ich mich.
b) Kontrolle und Überzeugung sind die wichtigsten Mittel meines Führungsstils. Ich zögere nicht, Druck auszuüben.
c) Ich helfe den Leuten. Mein Einfühlungsvermögen trägt dazu bei, dass ich akzeptiert werde.
d) Ich informiere, mache Vorschläge zur Weiterentwicklung gemeinsam analysieren wir Probleme und Möglichkeiten.

2. Einstellung zu Problemen

a) Ich versuche, Problemen aus dem Weg zu gehen.
b) Ich halte an den gesetzten Zielen und auch an der Qualität des Arbeitslebens jedes Einzelnen fest.
c) Ich bin vor allem darauf bedacht, dass die Ziele eingehalten werden.
d) Ich sorge dafür, dass alle zufrieden sind.

1 Text aus *Analyse Transactionnelle et relations de travail*, Dominique Chalvin et al. (Hrsg.), ESF, 1979.

3. Einstellung zu Regeln

a) Für mich sind Regeln nichts weiter als Regeln, das ist alles.
b) Regeln sind eine gute Sache. Ich bestehe darauf, dass sie befolgt werden.
c) Es sind Verhaltensregeln. Sie sind nützlich, aber wir sollten uns nicht sklavisch daran halten.
d) Ich glaube, man sollte sich bemühen, sie einzuhalten.

4. Sicht von Konflikten

a) Konflikte können nützlich sein. Oft bieten sie die Chance, uns weiterzubringen.
b) Ich habe wenig für Konflikte übrig, sie wirken sich negativ auf Beziehungen aus.
c) Ich meine, man muss zuerst an die Arbeit denken und nicht die Welt neu erfinden.
d) Das ist nicht meine Sache.

5. Reaktion auf Aggressionen

a) Ich setze mich nicht gerne mit Aggressionen auseinander, es fällt mir schwer.
b) Ich werde dann sehr unleidlich und argwöhnisch.
c) In solch einem Fall provoziere ich eine richtige Auseinandersetzung.
d) Ich nehme es denjenigen übel, die sich das erlauben, ich brüte über meinem Groll.

6. Haltung gegenüber Vorgesetzten

a) Ich sehe sehr wohl ihre Schwachstellen, ich kritisiere oder manipuliere.
b) Ich tue mein Bestes. Ich hoffe, gewürdigt zu werden.
c) Jeder macht seine Arbeit.
d) Man diskutiert, tauscht sich aus, verhandelt.

7. Humor

a) Ich bringe Leute dazu, über mich zu lachen.
b) Bei mir kommt trockene Ironie zum Einsatz.
c) Ich finde die richtigen Worte, sie entspannen die Situation.
d) Ich habe einen beißenden Humor.

8. Grundhaltung

a) Dir mach ich Beine!
b) Gemeinsam mit dir packe ich es an!
c) Einer muss ja …!
d) So oder so – ist doch einerlei!

Ergebnisse

	Grundeinstellungen			
	+ +	+ -	- +	- -
1. Führungsstil	d__	b__	c__	a__
2. Einstellung zu Problemen	b__	c__	d__	a__
3. Einstellung zu Regeln	c__	b__	d__	a__
4. Sicht von Konflikten	a__	c__	b__	d__
5. Reaktion auf Aggressionen	c__	d__	a__	b__
6. Haltung gegenüber Vorgesetzten	d__	a__	b__	c__
7. Humor	c__	d__	a__	b__
8. Grundhaltung	b__	a__	c__	d__
Ihre Punktzahl	___	___	___	___

Im Allgemeinen haben wir eine dominierende Grundeinstellung und eine weitere Einstellung, die wir in Stresssituationen annehmen.

Entspannen Sie sich einen Augenblick! Setzen Sie sich bequem hin und lassen Sie Ihren Blick über die Mitte dieses unendlichen Knotens schweifen.

Selbstwertgefühl und »Aufschieberitis«

Ein weiterer Lebensaspekt, der mit dem Selbstwertgefühl zusammenhängt, ist die **»Prokrastination«** (»Aufschieben«): die Tendenz, das, was man eigentlich noch am selben Tag tun könnte, auf den nächsten Tag zu verschieben.

Wissenschaftler, die im Bereich der Selbstachtung forschen, haben nachgewiesen, dass Selbstdisziplin und die Fähigkeit, sich selbst zu kontrollieren, Faktoren sind, die ein gutes Selbstwertgefühl begünstigen.

Prokrastination hat ihren Ursprung in einem Mangel an Selbstdisziplin. Das, was man zu tun hat, sofort zu tun steigert die Selbstachtung.

Sind Sie ein »Aufschieber«? Um es herauszufinden, füllen Sie den folgenden Test aus:

Kreuzen Sie an, was am ehesten dem entspricht, was Sie fühlen und leisten.

	gar nicht 0	manchmal 1	in Maßen 2	oft 3
1. Häufig sage ich mir, dass ich eine Sache erledigen werde, wenn ich Lust dazu habe				
2. Es ärgert mich, wenn Dinge schwierig sind.				
3. Ich verschiebe Fälligkeitstermine, wenn ich keine Lust zum Arbeiten habe.				
4. Ich tue lieber gar nichts, als dass ich versage.				
5. Ich bin sehr selbstkritisch in Bezug auf meine Tätigkeit.				
6. Ich bin nie stolz auf meine Leistungen.				
7. Ich fürchte, Dinge nicht zu schaffen.				
8. Ich fühle mich schuldig, wenn ich an all das denke, was ich tun sollte!				
9. Ich habe nie Lust, Dinge zu erledigen, die ich erledigen muss.				
10. Ich hasse Menschen, die versuchen, mich zu kontrollieren, und mir sagen, was ich tun soll.				
Gesamtpunktzahl				

Wenn Sie mehr als **15 Punkte** haben, dann »schieben Sie auf«, und Ihre Selbstachtung leidet unter Umständen darunter. Fassen Sie sich ein Herz, verschieben Sie nicht mehr auf morgen, was Sie heute erledigen können.

Wie Sie der »Aufschieberei« entgegenwirken

- Machen Sie sich ans Werk! Warten Sie mit dem Anfangen nicht darauf, bis Sie motiviert sind; die Motivation wird sich allmählich ganz von allein einstellen, je weiter Sie mit Ihrem Tun vorankommen.

- Machen Sie einen Plan.
  - Wann fangen Sie an?
  - Womit?

- Teilen Sie Ihre Aufgaben in kleine Etappen von 15 bis 20 Minuten ein und legen Sie los!

- Denken Sie positiv! Machen Sie negative Sätze ausfindig, die Sie sich selbst sagen, und ersetzen Sie sie durch positive, bejahende Aussagen. Sagen Sie zum Beispiel nicht:

»Oje! Ich habe wirklich nicht die geringste Lust, das zu erledigen!«

Sagen Sie stattdessen:

»Ich setze mich 20 Minuten daran, heute bin ich voller Elan!«

- Erkennen Sie Ihre Mühe an und beglückwünschen Sie sich innerlich.

Hier ein kleiner Test

Zählen Sie in der linken Spalte fünf Dinge auf, die Sie gern mal auf den nächsten Tag verschieben. Ergänzen Sie dann in der rechten Spalte fünf Ängste, die Sie daran hindern, diese Dinge zu erledigen:

1.	1.
2.	2.
3.	3.
4.	4.
5.	5.

Das Wort **ANGST** kann man buchstabieren:

Ausrede, um
nichts
gegen den inneren
schweinehund zu
tun

Unbekannter Autor

Nur zu, gönnen Sie sich das Vergnügen, dieses Mandala auszumalen:

Selbstwertgefühl und Denkweise

Neuere Entwicklungen der Psychologie haben gezeigt, dass unsere Denkweise eine besondere Rolle für das Selbstwertgefühl spielt.

Hier einige Beispiele:

- **Den mentalen Filter verwenden:**
Er bewirkt, dass der Geist in allem Negativen »stecken bleibt«, er ignoriert positive Aspekte und setzt das Positive herab.
»Wie war denn deine Einladung am Sonntag?« – »Furchtbar! Es hat geregnet, mein Braten war zäh, sie mochten den Nachtisch nicht, den ich für sie zubereitet hatte – es war ein totaler Flop!«

In Wirklichkeit gab es nur einen kurzen Regenschauer, niemand beklagte sich über den Braten, und nur ein Gast nahm keinen Nachtisch, weil er Süßes nach einer Mahlzeit nicht vertrug.

- **Worte verwenden wie »es müsste, müsste nicht, es soll, muss«:** Diese Begriffe lassen das Gefühl aufkommen, dass man von außen kontrolliert wird, während Formulierungen wie »ich beschließe, ich entscheide mich dafür« das Selbstwertgefühl stärken.
- **Die Dinge mit einem Etikett versehen:** Statt zu sagen: »mir ist ein Irrtum unterlaufen« sich als Idiot oder Versager beschimpfen.
- **Sich tadeln:** »Es ist meine Schuld, ich hätte daran denken sollen, dass es regnen würde! Alles nur wegen mir, ich bin eben überall vom Pech verfolgt.«
- **Oder andere anklagen,** ohne sich darüber klar zu werden, dass man auch selbst etwas mit einem Problem zu tun hat: »Meine Eltern sind an allem schuld, sie haben mir nicht die Liebe gegeben, die mir zugestanden hätte.«
- **Sich als Opfer sehen:** »Es ist nicht wegen mir, sondern wegen ihnen, sie sind schuld, mir blieb nichts anderes übrig, es ist doch wohl ganz normal, bei einer Hochzeit etwas zu viel zu trinken ...« etc.

Ein gutes Selbstwertgefühl ist mit einer solchen Opfermentalität unvereinbar!

Die gute Nachricht: Es ist möglich, seine Denkweise zu ändern und so sein Selbstwertgefühl zu verbessern! Man muss nur Folgendes beachten: Betrachten Sie die jeweilige Situation im Ganzen mit ihren positiven und negativen Aspekten. Konzentrieren Sie sich auf das Positive. Achten Sie auf Ihre Wortwahl. Übernehmen Sie Verantwortung, statt sich oder andere anzuklagen. Vermeiden Sie voreilige Schlussfolgerungen und beurteilen Sie die Situation so objektiv wie möglich.

»Man muss seine innere Sprache erlernen. Ein Großteil des Daseins spielt sich in uns und von selbst ab. Also können wir genauso gut gleich das Terrain erkunden und das Beste daraus machen!«

Jean-Louis Servan-Schreiber

Ich erkenne die negativen Sätze, die ich täglich verwende, und schreibe sie in die Wolke unten! Zum Beispiel:
»Ich habe es wirklich satt!«

Mit einem roten Filzstift streiche ich jeden dieser negativen Sätze durch.

Ich wandle diese negativen Sätze, die meiner Denkweise und meiner Wahrnehmung der Welt entspringen, in positive Sätze um und schreibe sie mit einem grünen Filzstift in die Wolke links.

Selbstwertgefühl ist vor allem eine Frage der Wahrnehmung und Interpretation der Wirklichkeit.

Ereignis, das gerade geschieht

↓

Wahrnehmung und Interpretation
dieses Ereignisses

↓

Gefühle, die man im Zusammenhang
mit dem Ereignis empfindet
(Sie haben viel mehr mit der Interpretation
zu tun als mit dem Ereignis!)

↓

Verhalten, Handlungen
(Zum Teil als Reaktion auf Gefühle!)

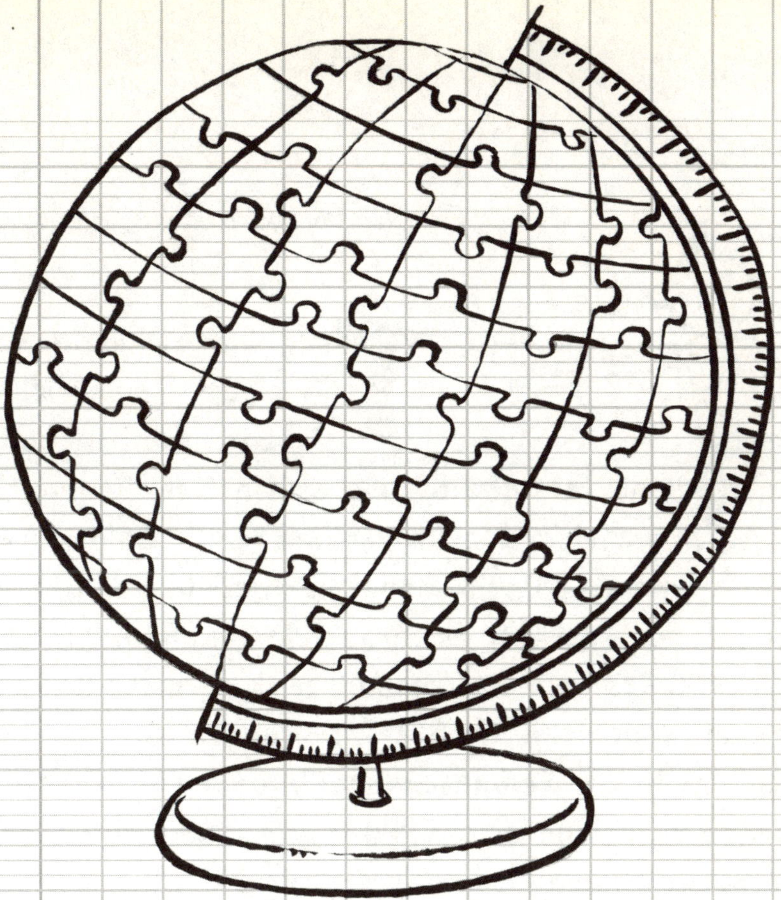

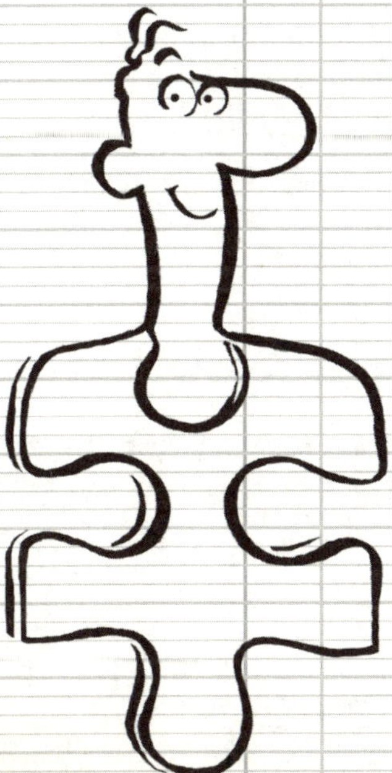

Kleben Sie das Puzzleteil
auf ein Stück Karton.

Schneiden Sie es aus und
benutzen Sie es, um über Ihren
einzigartigen Platz auf der
Welt zu meditieren.

Zu sich stehen

Zur Abwechslung eine kleine Geschichte!

Tang war ein kleiner Handwerker in einem Königreich des Fernen Ostens. Er bearbeitete Kupfer und fertigte daraus großartige Gegenstände, die er auf dem Markt verkaufte. Er hatte Freude am Leben, und sein Selbstwertgefühl war gut. Nun wartete er nur noch darauf, die Frau seines Lebens zu finden.

Eines Tages kam ein Gesandter des Königs und verkündete, dieser wolle seine Tochter dem jungen Mann zur Frau geben, der das beste Selbstwertgefühl habe. Am festgesetzten Tag begab sich Tang zum Schloss und fand sich unter mehreren Hundert jungen Bewerbern wieder.

Der König schaute alle Bewerber an und forderte seinen Kammerherrn auf, jedem von ihnen fünf Blumensamen zu geben. Dann bat er sie, im Frühjahr wiederzukommen und einen Topf mit den Blumen mitzubringen, die dann aus den Samen gesprossen wären.

Tang pflanzte die Samen ein, hegte und pflegte sie mit Hingabe, doch nichts geschah: Keine Triebe, keine Blumen zeigten sich.

Am vereinbarten Tag nahm Tang seinen blumenlosen Topf und machte sich auf den Weg zum Schloss. Hunderte anderer Bewerber trugen Behältnisse mit den herrlichsten Blumen und verspotteten Tang und seinen leeren Topf.

Daraufhin bat der König, jeder solle vor ihn treten, um seinen Topf zu präsentieren. Ein wenig eingeschüchtert gelangte Tang vor den König: „Kein Same hat gekeimt, Majestät“, sagte er. – „Tang, bleib hier bei mir!“, antwortete der König. Nachdem er alle Bewerber in Augenschein genommen hatte, schickte der König sie wieder nach Hause – alle, bis auf Tang. Der König verkündete im ganzen Königreich, dass Tang und seine Tochter im nächsten Sommer Hochzeit feiern würden. Es wurde ein fabelhaftes Fest! Tang und die Prinzessin verliebten sich immer mehr ineinander und lebten glücklich und zufrieden.

Eines Tages fragte Tang seinen Schwiegervater, den König: „Majestät, wie kommt es eigentlich, dass Ihr mich als Schwiegersohn erwählt habt, obwohl doch meine Samenkörner gar nicht aufgeblüht sind?“

„Weil sie gar nicht aufblühen konnten. Ich hatte sie eine ganze Nacht lang kochen lassen! Du warst also der Einzige, der sich selbst und andere genügend achtete, um ehrlich zu sein. Und solch einen Mann wollte ich als Schwiegersohn!“

Spiel: Sieben Fehler suchen

Finden Sie 7 Unterschiede im Bild unten

Lösung

Das Selbstwertgefühl steigern

Wenn man verstanden hat, wie das Selbstwertgefühl aufgebaut ist und wie man es beeinflussen kann, gilt es, nach vorne zu schauen und die Verantwortung für die Veränderung zu übernehmen, die man bewirken will.

Gewiss haben Eltern, Erzieher und Lehrer uns wichtige Grundlagen mit auf den Weg gegeben – positive oder negative. Als Erwachsene liegt die Entscheidung jedoch bei uns, und zwar ausschließlich bei uns, in welche Richtung wir uns weiterentwickeln möchten. Daher sollten Sie Folgendes tun:

- **Stärken Sie in sich die Überzeugung, als Mensch wertvoll zu sein, indem Sie sich selbst positiv sehen. Hier eine Übung dazu:**

– Tragen Sie hier positive Eigenschaften ein, die charakteristisch für Sie sind:

1.

2.

3.

4.

5.

- Welche positiven Eigenschaften erkennen Ihre Freunde in Ihnen?

1.

2.

3.

4.

5.

- Welche der von Ihnen genannten positiven Eigenschaften trägt am meisten zu Ihrem Selbstwertgefühl bei?

...

- Beschreiben Sie eine Situation oder einen Moment in Ihrem Leben, in dem Sie stolz auf sich waren!

...

...

...

...

- Was ist die positive Botschaft, die Ihnen Ihre Eltern oder diejenigen, die Sie anstelle der Eltern aufgezogen haben, vermittelt haben?

...

...

...

- Was ist Ihrer Meinung nach Ihr einzigartiger Beitrag für die Menschheit?

...

...

...

...

- Wie soll man sich an Sie erinnern, wenn Sie diese Welt verlassen haben?

...

...

...

...

- Verabschieden Sie sich vom Perfektionismus in Bezug auf sich selbst und andere, indem Sie sich sagen:

»Ich habe das Recht, meine Sache gut zu machen, niemand verlangt von mir, vollkommen zu sein.«

- Pflegen Sie Freundschaften und Familienbande, indem Sie die Beziehung zu den Menschen kultivieren, die emotional wichtig für Sie sind.

• **Lernen Sie, klar und offen mit anderen zu kommunizieren.**

- Wie viele Ihnen nahestehende Menschen haben Sie, die Sie verstehen und denen Sie sich ohne Furcht anvertrauen können? Schreiben Sie ihre Namen neben die Striche.

• Erkennen Sie die wichtigsten Elemente Ihres inneren Dialogs.

- Wenn Sie sich verfahren haben, was sagen Sie sich?

...

...

...

...

- Jemand macht Ihnen schriftlich ein Kompliment und bedankt sich bei Ihnen. Was sagen Sie sich?

...

...

...

...

- Jemand bittet Sie um einen Gefallen. Sie haben zwar keine große Lust, Ja zu sagen, tun es aber trotzdem. Was sagen Sie sich in Bezug auf Sie selbst?

...

...

...

...

- Sie haben verschlafen, weil Ihr Wecker nicht geklingelt hat. Was sagen Sie sich in Bezug auf Sie selbst?

...

...

...

...

...

- Sie müssen sich einer medizinischen Untersuchung unterziehen und auf die Ergebnisse warten. Was sagen Sie sich?

...

...

...

...

...

- Sie probieren ein neues Kleid oder eine neue Jacke an. Was sagen Sie sich?

...

...

...

...

...

- Eine gute Freundin vergisst Ihren Geburtstag. Was sagen Sie sich?

...

...

...

...

...

- Ihr Sohn oder Ihre Tochter gibt Ihnen eine bissige Antwort. Was sagen Sie sich in Bezug auf sich selbst?

...

...

...

...

...

- Ist Ihr innerer Dialog eher positiv oder negativ? Wie könnten Sie ihn ändern?

...

...

...

...

- **Würdigen Sie Ihre eigenen Werte.**

Das setzt voraus, dass Sie sie erkennen und annehmen!

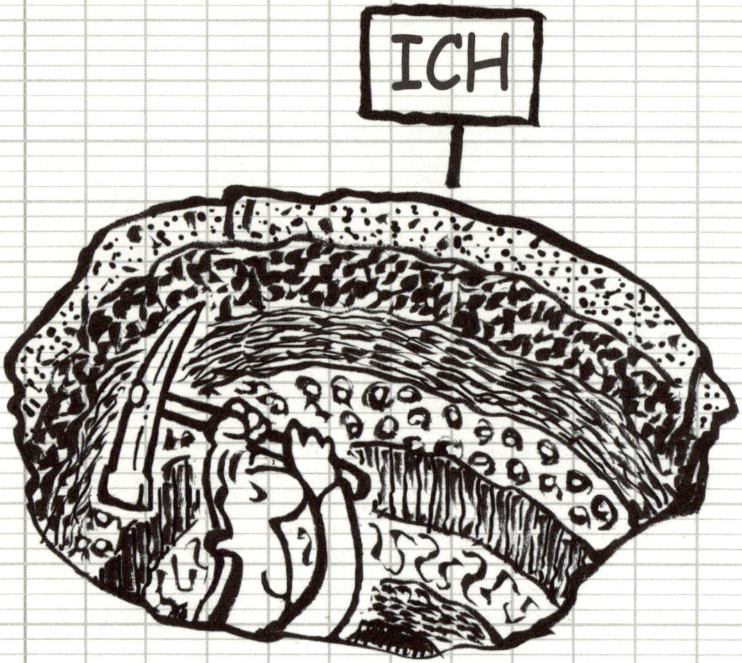

Machen Sie es sich bequem und konzentrieren Sie sich auf Ihren Atem.

Sagen Sie sich im Geiste mehrmals:

»Ich atme ein, ich spüre die Ruhe, ich atme aus ich fühle mich wohl ...«

Wenn Sie ganz entspannt sind, überlegen Sie sich einen Wert, der sehr wichtig für Sie ist und den Sie in Ihrem Leben verkörpern wollen.

Visualisieren Sie diesen Wert.

Visualisieren Sie ihn nun in Ihrem Inneren.

Stellen Sie sich vor, wie Sie versuchen, ihn zu leben und zu praktizieren.

Erinnern Sie sich an eine Situation, in der Sie ihn gelebt haben.

Spüren Sie, wie wohl Sie sich dabei gefühlt haben.

Machen Sie sich Ihre Fähigkeit bewusst, diesem Wert Gestalt zu geben.

Gratulieren Sie sich dazu, dass Sie dazu in der Lage sind.

Kehren Sie dann langsam wieder zu Ihrem Atem zurück.

Und öffnen Sie die Augen.

Trauen Sie sich:
Seien Sie stolz auf sich!

- **Stärken Sie auch Ihre Überzeugung, dass Sie über die notwendigen Fähigkeiten verfügen, Ihr Leben zu meistern ...**

- indem Sie sich auf Veränderungen einlassen, statt sie abzulehnen,
- indem Sie Konflikten entgegentreten, statt sie zu meiden
- indem Sie kalkulierte Risiken eingehen und nicht immer nur auf Sicherheit bedacht sind,
- indem Sie Dinge nicht mehr aufschieben, sondern heute das erledigen, was heute erledigt werden kann,
- indem Sie Ihre Stärken und Ressourcen erkennen.

Nennen Sie zehn Ihrer persönlichen Stärken:

1.
2.
3.
4.
5.
6.
7.
8.
9.
10.

Welche positiven oder ermutigenden Aussagesätze könnten Sie schreiben? Kurze positive Aussagen, die mit »ich« beginnen:

Zum Beispiel: **»Ich kann gelassen mit Stress umgehen.«**

...

...

...

...

...

Welche sind Ihre wichtigsten inneren und äußeren Ressourcen?

...

...

...

...

...

Was gelingt Ihnen fast immer?

...

...

...

...

Nennen Sie einige Erfolge aus Ihrem Leben (die Sie sich selbst zuschreiben können):

...

...

...

...

...

»Man wird, was man denkt,
man wird, was man sieht,
man wird, was man hört,
man wird, was man liebt.«

Rosette Poletti

Schneiden Sie die folgenden Aussagen aus und wählen Sie jeden Tag eine davon aus.

Heute akzeptiere ich das, was ist	Heute verzeihe ich	Heute lasse ich meine Widerstände los
Heute habe ich Vertrauen	Heute danke ich jemandem	Heute lasse ich meine Zweifel los
Heute vertraue ich auf mich	Heute bin ich offen für das, was kommt	Heute sage ich Ja
Heute werfe ich niemandem etwas vor	Heute befreie ich mich von Unnötigem	Heute nehme ich mir eine neue Freiheit
Heute lasse ich eine unnütze Regel los	Heute akzeptiere ich, dass ich unvollkommen bin	Heute gebe ich, ohne im Gegenzug etwas zu erwarten
Heute konzentriere ich mich auf die Liebe	Heute ist ein schöner Tag, um am Leben zu sein	Heute ist der einzige Tag, der zählt

Zum Schluss

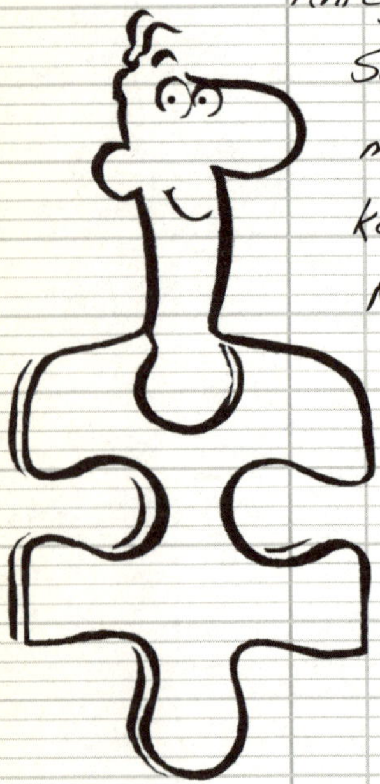

Wir hoffen, dass Sie mithilfe der Aufgaben un Anregungen zum Nachdenken in unserem kleine Selbstachtungsübungsheft ihrem Ziel näher gekommen sind, voll und ganz das zu sein, was Sie sei können. Vielleicht sind Sie nun in der Lage, de Menschheit dieses unverzichtbare Puzzleteilche zu geben, das das Schicksal jedes Mannes, jede Frau – also auch Ihres – repräsentiert.

Zu sein, was wir sein können – genau da ermöglicht uns ein gesundes Selbstwertgefüh Das zu erlangen ist eine Lebensaufgabe, denn jede neue Tag bringt Herausforderungen mit sich, denen wi uns stellen, und Schwierigkeiten, die wir überwinde müssen. Aber auch Freuden, die wir genießen können!

Wir wünschen Ihnen viel Erfolg auf dem Weg zu eine soliden Selbstbewusstsein!

Gute Reise!

Rosette Poletti & Barbara Dobb

Bibliografie / Literaturempfehlungen

Auch-Schwelk, Annette: Erfolgreich mit Selbstbewusstsein. Das »Ich bin Ich« Prinzip. Haufe, Planegg bei München 2011

Arkady, Eva: Oser être soi. Editions Jouvence, Genf 2002

Dobbs, Barbara: Les harmonisants émotionnels du Dr. Bach. Recto-Verseau, Romont 2006

Engelbrecht, Sigrid: Lass los, was dich klein macht. Die sieben Schlüssel zu mehr Selbstwertgefühl. Gräfe und Unzer, München 2011

Nunge, Olivier/Mortera, Simone: Développer le meilleur de soi-même. Editions Jouvence, Genf 2000

Ohana, Katharina: Gestatten: Ich. Die Entdeckung des Selbstbewusstseins. Goldmann, München 2010

Poletti, Rosette/Dobbs, Barbara: L'estime de soi. Editions Jouvence, Genf 1998

Poletti, Rosette/Dobbs, Barbara: Donner du sens a sa vie. Editions Jouvence, Genf 2002

Pradervand, Pierre: Plus jamais victime. Editions Jouvence, Genf 2001

Pradervand, Pierre: Apprende à s'aimer. Editions Jouvence, Genf 2006